SECRETOS
de LAS BRASAS

Cocina al aire libre

Producción gastronómica:
María José Belda
Gastón Stivelmaher
Brenda Black
Mariano Canteros
Dolores Peydro
Cesar Di Diego

Y un agradecimiento a
Estancia La Magdalena

Martiniano Molina

SECRETOS de LAS BRASAS

Cocina al aire libre

Editorial Sudamericana   *elgourmet.*com G

Diseño de interior y tapa: Isabel Rodrigué

Fotografías: Carlos Fadigati

Queda hecho el depósito que previene la ley 11.723
©2001, Editorial Sudamericana S.A.®
Humberto I° 531, Buenos Aires

©2001, E-Mind S.A.

www.edsudamericana.com.ar
www.elgourmet.com

ISBN 950-07-2187-2

PRÓLOGO

Comencé con esta costumbre tan nuestra de cocinar a las brasas cuando era muy pequeño, junto a mis padres, a quienes debo más de una receta fuera de serie. Si bien mi formación es la de cocinero, siempre me atrajeron la parrilla y sus compañeros: el disco de arado, el horno de barro, la cruz y el asador. Por eso acepté con gusto el desafío que me propuso la gente de elgourmet.com para explorar al máximo las posibilidades de la cocina al aire libre y llevar este mundo a la televisión. Así nació el programa "Las Brasas" y, de ahí, este libro.

Sin dudas, el asado es la excusa perfecta de cualquier argentino para reunirse con sus seres queridos. Nos permite llamar a la familia o a un par de amigos, hacer un fueguito en el campo, en el fondo de la casa o en una parrillita en el balcón del departamento, tirar unos chorizos, un asadito "así" finito, unos bifes... y todo listo.

Con este libro quiero dar algunos consejos e ideas para hacer recetas "diferentes": encontrarán recetas nuestras bien clásicas, pero también platos innovadores que se atreven a mezclar ingredientes especiales o a jugar con preparaciones un poco más elaboradas. La idea principal es, sobre todo, compartir la pasión que siento por lo que podríamos llamar nuestra cocina familiar, la cocina a las brasas, y proponer maneras nuevas de encarar el próximo domingo en familia o con amigos. Y ahora los invito a probar estos manjares y aromas insuperables porque, como dice León Gieco, "Decí si no te pararías, por más trajeado que corras..., a comer un asadito con los peones de la obra".

Martiniano Molina

Agradecimientos: a mi mujer, a mi abuela, a mis padres, a mis hermanos, a toda mi familia, a los padrinos, al equipo de Las Brasas, a Luis Acuña, al gran Lorenzo y a mis amigos.
A mi maestro, quien me apoyó desde mis comienzos en la cocina: Gato Dumas.

ÍNDICE

Plancha de hierro

Cruz y asador

Disco de arado

A fuego directo

INTRODUCCIÓN

¿Dónde cocinamos?

Muchos de estos datos los aprendí trabajando con Luis Acuña.

PARRILLA: Es uno de los elementos más importantes cuando hablamos de la cocina al aire libre o sobre las brasas. Existen varios tipos de parrillas, desde las más simples hasta las más sofisticadas. Nosotros utilizamos la parrilla uruguaya que es de hierro y de varillas redondas. La preferimos porque los elementos que grillamos están más expuestos que en una parrilla convencional.

PLANCHA DE HIERRO: Se trata de planchas de hierro de fundición; existen en varios tamaños, con o sin patas. Se las coloca a centímetros de una capa de brasas bien encendidas y sirven especialmente para cocciones cortas, sobre todo de pescados, mariscos y verduras.

CRUZ O ASADOR: No es más que una cruz de hierro fuerte. Existen varias medidas y modelos: la cruz tradicional, la doble cruz y el asador vertical giratorio. Nosotros utilizamos la cruz tradicional (la más antigua de las tres) y el asador vertical giratorio. Este último es similar a una parrilla y tiene dos prensas de hierro para sujetar los alimentos. Se clava en la tierra. Cuando utilizamos este sistema, hacemos el fuego en la tierra con leña dura. Clavamos la cruz a unos setenta centímetros del fuego, con el elemento a cocinar ya afirmado en ella. Si se trata de un animal entero —según cuenta la tradición del campo— hay que atarlo por sus extremidades con la cabeza hacia abajo. El lado que primero se expone al fuego es el de los huesos.

REJA PARA PESCADO: Es una doble parrilla donde se prensa cualquier pescado y/o algún filet entero. Es importante que los mismos tengan la piel y las escamas (entre la piel y la carne hay una alta concentración de grasa; al

colocar el pescado de esta manera, evitamos que se queme la carne y a la vez permitimos que se vaya saborizando). Se cocina directo a la llama o cerca de las brasas sobre una parrilla de grandes separaciones. Con este método se puede asar salmón, trucha, dorado, merluza negra, patí, pacú; por lo general, peces de gran porte o filetes enteros.

DISCO DE ARADO: Se trata simplemente de los discos de arado en desuso. Son redondos, de hierro, cóncavos, de tres a cinco milímetros de espesor y de entre cincuenta y ochenta centímetros de diámetro. Se le sueldan tres patas debajo y sirven para cocinar distintos tipos de guisos y salteados.

Por lo general, en el campo se hace el fuego debajo del disco con ramas y maderas finas, para lograr una buena llama. Si es necesario cocinar alguna preparación con fuego moderado durante largos períodos, conviene utilizar brasas de carbón o de leña dura bien encendidas. También existen quemadores a gas (similares a los de las paelleras) que calientan en forma pareja y constante. Son mejores para regular la temperatura pero carecen de ese sabor especial que produce la llama de leña.

HORNO DE BARRO: También se lo conoce como horno de pan. Está hecho con ladrillos y barro con paja seca. Posee una puerta de metal y una chimenea en la parte posterior. Su piso es liso, por lo general de ladrillos refractarios, y allí se pueden cocinar distintos elementos apoyados directamente en él (pizzas, panes, postres, etcétera).

Para calentar el horno hay que encender un gran fuego en el interior, con maderas y ramas medianas que produzcan buena llama, y mantenerlo encendido durante al menos dos horas. Luego se retiran el fuego y las brasas (que se pueden aprovechar para asar verduras u otras guarniciones) y se deja estabilizar durante aproximadamente media hora.

Se puede comprobar la temperatura del horno introduciendo en el centro un bollo de papel. No debe encenderse de inmediato, sino entre los cinco o siete minutos siguientes. Sólo entonces el horno está listo para cocinar. En ese momento se debe tapar la chimenea y cerrar la puerta de ingreso para conservar el calor.

A FUEGO DIRECTO: Denominamos así a las cocciones en las que exponemos una olla de hierro, una sartén o un producto directamente al calor de las brasas. Esto incluye también la cocción de verduras o frutas envueltas en papel de aluminio.

SARTÉN DE HIERRO: La utilizamos para saltear verduras, hacer salsas, sellar carnes o terminar cocciones a fuego directo. Se puede usar tanto sobre la parrilla como en el horno de barro, tapada o destapada.

OLLA DE HIERRO: Se trata de ollas con bordes altos y tapa, de dos, cinco y ocho litros. Las colocamos directamente sobre las brasas, sobre la parrilla o dentro del horno de barro. Son ideales para hacer guisos, pucheros y salsas o para freír y cocinar tortas. Son excelentes transmisoras de calor y conservan muy bien los aromas.

¿Qué usamos para el fuego?

LEÑA DURA: Cada tipo de madera afecta el sabor de la carne de manera muy diferente. Las menos usadas son las maderas resinosas, ya que cambian mucho el gusto y hacen demasiado humo. El protagonista de los asados es el quebracho, una madera dura, muy resistente, que hace que el fuego sea más duradero. También son buenos el algarrobo, el lapacho y el tintitaco.

LEÑA BLANDA: La usamos para dar llama; resulta muy buena para el horno de barro o el disco de arado. Suele tratarse de ramas muy aromáticas, como el espinillo y el tala.

CARBÓN VEGETAL: Son pedazos de leña que ya han sido quemados. No tienen tanta durabilidad como la leña. Generalmente utilizamos el carbón combinado con la leña; esta combinación se denomina "mixta".

LA CUNA: Es el elemento en el cual colocamos las leñas y realizamos el fuego; tiene forma de cuna y es de hierro. Las brasas encendidas caen debajo y las utilizamos para cocinar. A la hora de trabajar en la parrilla es fundamental para encender las brasas.

INICIADORES DEL FUEGO: Por lo general, empleamos papel, grasa animal de recortes de carne que no han sido utilizados, miga de pan humedecida con alcohol, piñas, hojas secas, ramas finas y madera de cajón de frutas.

Algunos detalles antes de comenzar

AROMATIZANTES: Podemos perfumar los alimentos a través del calor de las brasas agregándoles, por ejemplo, hojas de laurel frescas (cuando están verdes producen humo que saboriza los alimentos), tomillo, romero, orégano, menta, cáscara de limón, lima y naranja.

CÓMO CURAR EL DISCO DE ARADO: Lo más común es que el disco ya esté curado por el tiempo que se usó para trabajar la tierra y porque estuvo expuesto a la lluvia y a distintas erosiones. Pero si no lo está y es de hierro nuevo hay que quemarlo al fuego (hecho con leña blanda) durante ocho horas. Esto se puede hacer en varias etapas; lo importante es sumar esa cantidad de horas. Podemos emplear un poco de aceite que lo ayudará a quemarse con más rapidez.
Al guardarlo conviene cubrir la parte interior con grasa de animal o aceite para que no se oxide. Recomendamos conservarlo en un lugar donde no reciba lluvia; se puede envolver en papel de diario o con algún lienzo.

OTROS ELEMENTOS: Para nuestra cocina no pueden faltar las pinzas para tomar elementos de la parrilla, el atizador para remover las brasas, la pala para recolectar brasas encendidas y el cepillo de alambre para el cuidado y la limpieza de la parrilla.

NOTA: Todos los elementos utilizados para la cocina al aire libre son fáciles de encontrar en el campo. Para conseguir cualquiera de ellos, le recomendamos visitar las grandes ferreterías del interior, las casas de campo o de antigüedades y las estaciones de servicio u otros puestos de ruta.

PARRILLA

T-Bone con Malbec y hongos

Para 4 personas

4 T-Bone de 400 g cada uno

4 dientes de ajo

2 cebollas

1 taza de caldo de carne

2 cdas de azúcar

3 tazas de vino tinto Malbec

1 cda de mostaza

100 g de hongos secos (boletus)

100 g de champiñones de París

2 berenjenas

2 zucchinis

albahaca fresca picada

2 cdas de aceto balsámico

aceite de oliva

sal y pimienta negra recién molida

Dorar los bifes de lado y lado a fuego fuerte y terminarlos de cocinar retirando un poco de brasas. Salarlos.

Salsa: Calentar un poco de aceite de oliva en una sartén sobre las brasas. Rehogar las cebollas en cuartos y dos dientes de ajo enteros. Agregar el azúcar y dorar. Incorporar el vino tinto Malbec, la mostaza, el caldo y cocinar hasta reducir la preparación a la mitad de su volumen.
Tamizar. Agregar los hongos boletus hidratados picados grandes y los champiñones de París en cuartos. Salpimentar y reservar caliente.
Por otro lado cortar los zucchinis y las berenjenas en láminas y grillarlas en la parrilla. En un recipiente alternar los vegetales e incorporar sal, pimienta, aceite de oliva, aceto balsámico, dos dientes de ajo en láminas y albahaca picada. Marinar en la heladera durante 2 horas.

Presentación: Servir los bifes en el punto deseado y acompañar con el milhojas de berenjenas y zucchinis y la salsa oscura.

Nota: El T-Bone es el corte del bife con hueso en forma de "T". De un lado del hueso se encuentra el bife de chorizo y del otro el lomo. Recomiendo cortar el bife de 4 cm de espesor. Los champiñones de París son los aquí conocidos como champiñones.

Salmón rosado y papas del norte

Para 4 personas

4 ruedas de salmón rosado de 250 g c/u

jugo de 4 limones

1 taza de vino blanco

2 cdas de pimentón dulce

1 cda de ciboulette picado

1 cda de salvia picada

500 g de papas norteñas

2 dientes de ajo machacado

2 cdas de manteca

albahaca fresca

sal y pimienta negra

Frotar las papitas del norte con un cepillo hasta quitarles toda la suciedad. Cocinarlas en abundante agua en una olla de hierro directamente a las brasas durante 8 minutos. Retirarlas y enfriarlas en agua helada.

En una sartén de hierro colocar el vino blanco y llevarlo a ebullición hasta reducir a la mitad de su volumen. Incorporar jugo de limón, manteca, pimentón. Salpimentar. Reducir a las brasas a fuego moderado (para ello colocar pocas brasas debajo). Incorporar salvia y ciboulette picados.

Salar las rodajas de salmón y cocinarlas en la parrilla durante 4 minutos de cada lado.

Saltear las papitas y el ajo machacado en la sartén hasta que estén bien crocantes por fuera. Salpimentar y espolvorear con albahaca fresca picada.

Presentación: Servir las rodajas de salmón en su punto, salsear con la manteca de hierbas y acompañar con las papas sabrosas.

Pizzas a la parrilla

De 12 a 14 personas

Masa:

2 kg de harina 0000

100 g de levadura fresca

1/2 litro de leche

pizca de sal

1 cda de azúcar

agua en cantidad necesaria

Ingredientes:

1.000 cc de pulpa de tomate

1 taza de tomates secos hidratados

3 tomates

1 taza de alcaparras

3 dientes de ajo

albahaca fresca

500 g de mozzarella Di Buffala

aceite de oliva

400 g de salchicha parrillera

500 g de flores de brócoli

1 taza de queso parmesano rallado

orégano fresco

sal y pimienta en grano

Masa: Mezclar la harina con la pizca de sal. Entibiar la leche y en ella colocar la levadura y 1 cda de azúcar. Trabajar la masa sobre una mesada hasta que esté lisa y homogénea, agregando agua tibia de a poco. Hacer 8 bollos y dejarlos reposar tapados en un lugar cálido hasta que dupliquen su volumen.

Luego estirar con palote hasta 3 mm de espesor. Colocar la masa sobre la parrilla. Dorarla durante 1 minuto y girarla. Retirar brasas y colocarle encima todos los ingredientes deseados. Taparla para que se termine de cocinar. Retirarla con una placa de madera bien fina.

Pizza Mediterránea: En un bowl mezclar la pulpa de tomate con el orégano fresco, ajo y albahaca picada, aceite de oliva, sal y pimienta. Procesar en crudo. Pintar la masa con esta preparación. Colocar sobre la masa tomates secos, alcaparras y mozzarella en fetas. Terminar de cocinar.

Decorar con cubitos de tomate fresco, hojas de albahaca frita y un poco de aceite de oliva.

Pizza de salchichas y brócoli: Pintar la masa con el tomate especiado. Blanquear las flores de brócoli. Saltear las salchichas junto con el brócoli y el ajo. Salpimentar.

Colocar esta preparación sobre la pizza junto con queso parmesano y cocinar. Decorar con tomate fresco picado.

PARRILLA

Pechugas rellenas y shitake grillados

Para 4 personas

4 pechugas de pollo de campo

100 g de panceta ahumada en fetas

1 atado de espárragos frescos

250 g de hongos shitake

1 taza de vino blanco

1 taza de crema

jugo de 2 limones

aceite de oliva

sal y pimienta negra recién molida

Mechar las pechugas sin atravesarlas totalmente y rellenarlas con los espárragos envueltos en panceta. Salpimentar. Cocinarlas en la parrilla durante 6 minutos de cada lado.

Salsa: En una sartén sobre fuego directo, reducir el vino blanco a la mitad. Añadir el jugo de limón y la crema y continuar reduciendo. Salpimentar.

Shitake: Cocinar los hongos sobre la plancha con 2 cucharaditas de aceite de oliva, hasta que estén bien tiernos. Condimentar.

Presentación: Servir las pechugas rellenas con los hongos grillados y la crema de limón.

Parrillada de cordero con caviar de berenjenas

Para 6 personas

200 g de mollejas de cordero

200 g de riñones de cordero

200 g de chinchulines de cordero

6 entrañas de cordero

1 kg de asado de cordero

4 berenjenas grandes

1 diente de ajo picado

1 cda de jugo de limón

1 cda de vinagre de vino blanco

2 cdas de aceite de maíz

8 cdas de aceite de oliva

sal y pimienta negra

Salmuera:

1 litro de agua caliente

2 dientes de ajo machacados

cáscara de 1 limón

3 hojas de laurel fresco

1 taza de sal gruesa

Caviar de berenjenas: Cortar las berenjenas longitudinalmente por la mitad. Realizar cortes en la pulpa sin atravesarlas y cocinarlas durante 20 minutos sobre las brasas con un poco de aceite de oliva y con la piel hacia abajo. Retirarlas del fuego y con una cuchara extraer la pulpa. En un recipiente condimentar con aceite de maíz, ajo picado, jugo de limón, vinagre de vino blanco, sal y pimienta negra.

Parrillada: Calentar bien la parrilla (es conveniente que sea una rejilla cuadriculada fina para que no se caigan los distintos cortes y achuras de cordero).
Colocar primero las mollejas, los riñones y los chinchulines. Deben dorarse por fuera. Luego colocar el asado del lado del hueso junto con las entrañas. Dorar y cocinar durante 10 minutos más.

Salmuera: En una olla colocar todos los ingredientes de la salmuera y mantenerlos calientes sobre las brasas. Cuando la parrillada esté lista, bañarlas con la misma sobre la parrilla.

Presentación: Servir la parrillada acompañada con el caviar de berenjenas.

Nota: La salmuera se puede conservar en la heladera en una botella o en un frasco de vidrio y ser utilizada para salar cualquier carne. Recomiendo usarla sólo cuando las carnes estén listas para ser servidas.

Ojo de bife con ensalada de peras y espárragos

Para 4 personas

4 ojos de bife de 250 g c/u

3 peras verdes

2 tomates colorados

200 g de espárragos frescos

200 g de rúcula

100 cc de aceite de oliva

romero fresco

orégano fresco

3 dientes de ajo

gotas de salsa inglesa

sal y pimienta negra

Salsa criolla:

1 morrón verde

1 morrón rojo

2 echalotes

2 tomates

tomillo fresco

ralladura y jugo de 1 limón

2 cdas de aceite de girasol

Ojo de bife: **En un recipiente marinar los ojos de bife con los ajos machacados, romero, orégano y aceite de oliva durante 2 horas.**
Sobre la parrilla dorar bien los bifes de ambos lados y terminar su cocción a fuego moderado hasta el punto deseado. Salar.

Ensalada: **Despepitar los tomates y cortarlos en cuartos. Cocinar los espárragos en agua con sal y cortar las peras en octavos (retirándoles las semillas).**
Sobre la plancha de hierro grillar los tomates, las peras y los espárragos con unas gotas de aceite de oliva. Salpimentar.

Salsa criolla: **Para la salsa criolla picar finamente todos los ingredientes y condimentar con jugo y ralladura de limón, tomillo fresco, sal y aceite de girasol.**
En un bowl mezclar la rúcula con los elementos grillados y aderezar con sal, aceite de oliva, gotas de salsa inglesa y pimienta negra.

Presentación: **Presentar en un plato el ojo de bife con la ensalada y acompañar con la salsa criolla.**

Nota: Es importante condimentar las ensaladas en el mismo momento en que vayan a ser consumidas. De esta manera no corremos el riesgo de que las verduras se oxiden o se marchiten.

Matambrito de chancho y cerveza negra

Para 4 personas

3 matambritos de chancho de 400 g

1/2 taza de salsa de soja

2 cdas de pimentón

2 cdas de azúcar negro

3 batatas

200 g de queso feta en láminas

2 tazas de cerveza negra

4 cdas de mostaza de Dijon

2 echalotes

1 cebolla

aceite de oliva

sal y pimienta negra recién molida

Matambrito: Sobre la parrilla bien caliente cocinar el matambrito hasta que esté bien dorado de ambos lados. Retirar un poco de brasas y continuar con la cocción.

En un bowl mezclar la salsa de soja, el pimentón, el azúcar negro, y pintar el chancho con esta preparación durante toda su cocción.

Guarnición: Cortar las batatas en láminas de 3 mm de espesor. Armar paquetitos con papel aluminio intercalando las láminas de batata con el queso feta. Salpimentar. Cocinar los paquetitos directamente sobre las brasas durante 10 minutos, girándolos para que se cocinen en forma pareja.

Salsa: Cocinar la cebolla y el echalote picado durante 8 minutos en una sartén de hierro sobre las brasas y con aceite de oliva. Agregar la cerveza y cocinar hasta que se evapore el alcohol. Añadir la mostaza y salpimentar.

Presentación: Servir el matambrito acompañado del milhojas de batata y la salsa de cerveza.

PARRILLA

Magret de pato con manzanas asadas

Para 4 personas

2 magret de pato de 350 g c/u

4 cdas de mostaza

romero fresco

6 cdas de aceite de oliva

4 manzanas verdes

6 cdas de azúcar negro

4 cdas de manteca

ralladura de 1 limón

6 cdas de vinagre de alcohol

1 pizca de canela

2 cdas de jengibre en polvo

200 g de arándanos

1/2 taza de vino blanco

sal y pimienta negra

Magret: Realizar cortes en la piel del magret formando un cuadriculado. En una fuente marinar el magret con la mostaza, el romero y el aceite de oliva durante 2 horas.

Calentar muy bien la parrilla y cocinar el magret primero del lado de la piel hasta dorarlo. Girar y cocinar durante 10 minutos más a fuego moderado.

Recomiendo comer esta carne bien jugosa.

Manzanas asadas: Descorazonar las manzanas y cortarlas en cuartos. Armar 4 paquetes con papel de aluminio y colocar en cada uno 1 manzana, 1 cucharada de manteca, 1 de azúcar negro, ralladura de limón y pimienta negra.

Cocinar en la parrilla a fuego moderado entre 7 y 8 minutos.

Chutney: Para el chutney colocar los arándanos, canela, jengibre, vinagre, vino blanco, el resto del azúcar negro, sal, pimienta negra y cocinar en olla de hierro sobre las brasas durante 20 minutos.

Presentación: Filetear los magret, acompañar con las manzanas y el chutney de arándanos.

Lomo entero, mezclum y cebollas quemadas

Para 6 personas

1 lomo entero
400 g de mezclum de lechugas
2 cebollas coloradas
1 taza de granos de choclo amarillo
hervidos
300 g de hongos variados
(champiñones, girgolas, portobello, etc.)
4 tazas de crema de leche
1/2 taza de cognac
6 cebollas chicas
ciboulette picado a gusto
aceite de oliva, 12 cucharadas
3 cdas de vinagre de vino
sal y pimienta a gusto

Lomo: Limpiar el lomo y cocinarlo directamente sobre la parrilla hasta dorar bien todos sus lados. Terminar la cocción a fuego moderado hasta obtener el punto deseado. Salar.

Mezclum: En un bowl mezclar las lechugas con el choclo y la cebolla colorada cortada en finas láminas. Reservar.

Crema de hongos: En una sartén sobre las brasas calentar 2 cucharadas de aceite de oliva. Saltear los hongos cortados en forma irregular. Salpimentar.
Desglasar con el cognac y cocinar hasta que se evapore todo el alcohol. Agregar la crema y dejar reducir la salsa a la mitad de su volumen. Condimentar y espolvorear con ciboulette picado.

Cebollas quemadas: Envolver las cebollas individualmente en papel de aluminio y colocarlas directamente sobre las brasas. Girarlas cada 5 o 6 minutos y retirarlas cuando estén tiernas.

Presentación: Aderezar la ensalada con 10 cucharadas de aceite de oliva, 3 de vinagre de vino, sal y pimienta. Servir el lomo con la crema de hongos, la ensalada de hojas verdes y las cebollas quemadas.

PARRILLA

Langostas a la parrilla

Para 4 personas

2 langostas

1 cebolla

2 tomates

2 dientes de ajo

1/2 taza de vino blanco

jugo de 1 limón

aceite de oliva, cantidad necesaria

sal y pimienta negra a gusto

ciboulette picado, cantidad necesaria

Cortar las langostas en mitades y limpiarlas. De una de ellas desprender la carne y reservar. La otra langosta dejarla simplemente cortada a la mitad.

Relleno: Cortar la carne en cubos grandes. En una sartén con aceite de oliva saltear la cebolla y el ajo picados. Agregar la carne de langosta e incorporar el vino blanco y luego los tomates en cubos. Salpimentar.

Langostas: Colocar las medias carcazas vacías sobre la parrilla hasta que se sequen. Poner el relleno dentro de la carcaza. Cocinarla sobre la parrilla.

La otra langosta colocarla directamente sobre la parrilla unos 10 minutos de cada lado, primero del lado de la carne.

Condimentar con jugo de limón, aceite de oliva, y ciboulette picado. Salpimentar.

PARRILLA

Entraña con ensalada de pimientos y tomate

Para 6 personas

1 pimiento calahorra

1 pimiento verde

1 pimiento amarillo

200 g de tomates cherry

1 cebolla morada

1 cebolla de verdeo

3 cdas de aceite de girasol

1 cda de vinagre de manzana

orégano fresco a gusto

gotas de salsa tabasco a gusto

100 g de albahaca

150 cc de aceite de oliva

1 diente de ajo

sal y pimienta negra

Entraña: Quitar la piel de las entrañas y cocinarlas en la parrilla dorándolas de lado y lado. Terminar la cocción a fuego moderado. Salar.

Ensalada: Cortar los pimientos en juliana, los tomates en mitades y la cebolla en láminas.
Colocar todos los ingredientes en un recipiente y agregar orégano fresco. Condimentar con la siguiente vinagreta: mezclar vinagre de manzana con tabasco y sal. Incorporar el aceite de girasol y emulsionar.
Para la emulsión de la albahaca procesar un diente de ajo, albahaca y aceite de oliva. Salpimentar.

Presentación: Acompañar las entrañas con la emulsión de albahaca y la ensalada colorida.

Ensalada de riñones y acedera

Para 4 personas

2 riñones de ternera de 300 g c/u

300 g de acedera

1 chile picado fino

2 cebollas de verdeo

2 limones

100 g de panceta ahumada en una sola feta

gotas de tabasco

6 cdas de aceite de oliva

2 cdas de aceto balsámico

sal y pimienta negra

Riñones: Limpiar los riñones dejando un poco de grasa para intensificar su sabor. Cocinarlos enteros sobre la parrilla hasta el punto deseado. No deben pasarse en la cocción. El centro tiene que quedar jugoso.

Ensalada: En un bowl mezclar hojas de acedera, chile picado finísimo, cebolla de verdeo, gajos de limón y ralladura de la cáscara.

Chips de panceta: Cortar la panceta en bastones y saltearla en una sartén de hierro hasta que quede bien dorada y crujiente.

Agregar la panceta a la ensalada y condimentar con 6 cucharadas de aceite de oliva, 2 cucharadas de aceto balsámico, unas gotas de tabasco, sal y pimienta negra.
Retirar los riñones de la parrilla, cortarlos e incorporarlos a la ensalada.

Ensalada de pulpo grillado

Para 4 personas

1 pulpo español de 2 kg
2 cebollas españolas
2 hojas de laurel
tomillo fresco a gusto
8 cdas de aceite de oliva
2 cdas de pimentón suave
400 g de hojas de distintos tipos
y colores
jugo de 2 limones
sal

En una olla de hierro calentar sobre las brasas 6 litros de agua, junto a la cebolla cortada en cuartos, laurel, tomillo y sal. Llevar a ebullición y cocinar el pulpo durante 35 minutos o hasta que esté tierno. Enfriar y cortar los tentáculos. Calentar bien la parrilla y grillarlos.

Aceite de pimentón: Disolver la sal en el jugo de limón y agregar el pimentón. Mezclar bien e ir incorporando aceite de oliva sin dejar de emulsionar con un batidor de alambre.

Presentación: Colocar el pulpo sobre las hojas de distintos tipos y colores y condimentar con el aceite de pimentón.

Nota: He hecho la prueba de cocinar el pulpo de todas las maneras posibles. Rizarlo primero, luego cocinarlo y enfriarlo, cocción pasiva y activa, con una papa, con un corcho, etc, etc. He llegado a una conclusión: para que el pulpo resulte tierno, el único secreto es que sea de buena calidad. Sólo hay que ir verificando que no se pase en la cocción. Los mejores pulpos que se consiguen aquí son españoles.

Dorado correntino

Para 6 personas

1 dorado de 5 kg entero y con piel

3 cebollas españolas

6 tomates redondos

2 naranjas correntinas

orégano fresco a gusto

tomillo fresco a gusto

jugo de 2 limones

sal y pimienta negra recién molida

Limpiar el dorado sin quitarle las escamas. Abrirlo a la mitad, retirando todas las vísceras, y colocarlo sobre la parrilla con la piel hacia arriba durante 10 minutos a fuego fuerte. Girarlo y retirar un poco de brasas.

Colocar encima del pescado tomate en rodajas, cebollas en aros, hierbas, jugo de limón, jugo de naranja y rodajas de naranja.

Cocinar durante 30 minutos aproximadamente.

Nota: Primero lo colocamos con la carne hacia el fuego para producirle un sellado externo y después lo cocinamos con la piel hacia la parrilla, con pocas brasas, para que vaya desgrasando de a poco. Recordar que cuanto más grande es este tipo de pescado, mayor contenido de grasas posee.

Costillas de chancho con hinojos grillados

Para 4 personas

4 costillas de chancho de 200 g c/u

2 bulbos de hinojo

jugo de 1 limón

6 cdas de aceite de oliva

150 g de frambuesas

1/2 taza de vino tinto

2 echalotes

2 cdas de licor de cassis

2 cdas de manteca

tomillo a gusto

sal y pimienta negra recién molida

Calentar bien la parrilla y dorar las costillas a fuego fuerte. Retirar un poco de brasas y terminar la cocción a fuego moderado. Salar.
Cortar los hinojos en mitades y grillarlos en la parrilla.

Salsa de frambuesa: Derretir la manteca en una olla de hierro sobre las brasas. Agregar el echalote picado y cocinar hasta que esté transparente. Desglasar con el vino tinto y cocinar hasta evaporar el alcohol. Incorporar las frambuesas, el licor y cocinar durante 15 minutos.

Aliño para hinojos: En un bowl mezclar jugo de limón, sal, aceite de oliva, pimienta negra recién molida y tomillo fresco.

Presentación: Cada costilla se acompaña con medio bulbo de hinojo aderezado y un poco de salsa de frambuesas.

Nota: Aquí utilizamos el carré de chancho junto con el hueso. Cortar las costillas de 3 a 4 cm de espesor.

Costillar de cordero con puré de habas y menta

Para 4 personas

2 costillares de cordero

500 g de habas peladas y blanqueadas

hojas de menta picada a gusto

3 cdas de manteca

3 cdas de aceite de oliva

2 tazas de oporto

granos de pimienta verde a gusto

2 cdas de salsa inglesa

1 cda de salsa de soja

romero fresco a gusto

sal y pimienta

Limpiar bien los huesos del costillar y cocinar en la parrilla hasta el punto deseado. Salar.

Saltear las habas con la manteca y el aceite. Agregar la menta picada, salpimentar y procesar.

En una olla sobre las brasas a fuego directo reducir el oporto con granos de pimienta verde, salsa de soja, salsa inglesa y romero hasta la mitad de su volumen.

Presentación: Colocar en el plato las costillas con el puré y la salsa de oporto.

Recuerdo las remolachas desde mi infancia, cuando papá cocinaba el chanchito a la parrilla y mamá se encargaba de la guarnición. ¡Riquísimas!

Asado de chancho con remolachas glaseadas

Para 6 personas

1 pechito de chancho de 3,5 kg
1 kg de remolachas
2 tazas de agua
8 cdas de azúcar
sal y pimienta

Cortar el asado de chancho en porciones de a 2 huesos cada una. Cocinar sobre la parrilla primero del lado de los huesos hasta que estén bien doradas. Girar y terminar de cocinar. Salpimentar.

Remolachas glaseadas: En una olla de hierro sobre las brasas poner las remolachas peladas y fileteadas con agua, azúcar y pimienta. Cocinarlas hasta que estén bien tiernas y se hayan glaseado.

Presentación: Servir el asado de chancho acompañado con las remolachas glaseadas.

Nota: El pechito es el costillar del chancho. Hay que pedirle a un carnicero amigo que lo corte en tiras de 5 a 6 cm de ancho y nosotros luego las separamos de a 2 costillas. Se pueden pintar con mostaza, azúcar y jugo de naranja.

Carré de chancho arrollado y falso chucrut

Para 6 personas

1 carré de chancho de 1,8 kg

2 tazas de zanahoria rallada

200 g de jamón crudo

2 repollos colorados

2 cebollas coloradas

50 g de panceta ahumada en cubos

4 cdas de azúcar

1/2 taza de vinagre de manzana

sal y pimienta negra recién molida

Carré: Desgrasar el carré y con un cuchillo largo y fino ir cortando a lo largo en forma de espiral hasta lograr una superficie rectangular (como si fuese un matambre). Colocar encima la zanahoria y el jamón crudo. Salpimentar.

Arrollar el carré y atarlo con hilo de cocina o chanchero y cocinarlo sobre la parrilla. Primero debemos sellarlo bien por todos sus lados, a fuego fuerte, y luego continuar la cocción retirando un poco de brasas.

Falso chucrut: En una olla de hierro cocinar la cebolla colorada picada y los cubos de panceta sobre las brasas durante 5 minutos y luego colocar los repollos finamente picados. Agregar azúcar, vinagre de manzana, sal y pimienta negra recién molida. Cocinar durante 25 minutos aproximadamente (a fuego bajo).

Presentación: Servir el carré en rodajas o entero acompañado por el falso chucrut.

Nota: Si lo desea, puede marinar el carré con aceite de oliva, romero fresco, ajo y miel.

HORNO DE BARRO

Cochinillo con ensalada de papines

Para 6 personas

1 cochinillo
1 pizca de pimienta negra
2 cdas de ají molido
4 cdas de vinagre de manzana
3 dientes de ajo
2 cdas de orégano seco
pimentón dulce
1/2 kg de papines
2 cebollas coloradas
aceto balsámico
aceite de oliva

Chimichurri: En un bowl de metal mezclar pimienta negra, ají molido, vinagre de manzana, aceite de oliva, 1 ajo picado, orégano y pimentón. Reservar en lugar tibio.

Cochinillo: Poner a cocinar el cochinillo en una placa en el horno de barro bien caliente durante 2 horas aproximadamente. Ir pincelándolo con chimichurri durante la cocción.

Ensalada de papines: En una cacerola de hierro con agua hirviendo, cocinar los papines con piel durante 15 minutos. Retirarlos y cortar su cocción sumergiéndolos en agua helada. Picar 2 ajos. Realizar una vinagreta con aceto balsámico, ajo, sal, pimienta y el aceite de oliva. Agregar la cebolla colorada cortada en aros.

Presentación: Armar una ensalada con los papines y la cebolla, rociarlos con la vinagreta. En una fuente aparte servir el cochinillo trozado. Acompañar si desea con chimichurri tibio.

Corvina a la sal

Para 4 personas

1 corvina de 3 o 4 kg
4 kg de sal gruesa
romero a gusto
tomillo a gusto
laurel a gusto
3 ajos machacados

En una placa para horno realizar una cama con sal gruesa. Colocar encima la corvina y rodearla con las hierbas y los ajos machacados.

Cubrir toda la superficie del pescado con el resto de la sal y salpicar gotas de agua con las yemas de los dedos.

Cocinar en el horno de barro durante 50 minutos.

Presentación: Romper la capa de sal y consumir el pescado acompañado con alguna ensalada fresca o simplemente una salsa tipo tártara realizada a base de mayonesa, jugo de limón, pickles, huevo duro picado, alcaparras y crema.

Nota: Con este método se puede hacer cualquier pescado siempre y cuando esté entero y con piel, que es la que no permite que la sal penetre hacia la carne.

Carré de chancho relleno con puré de manzanas y batatas

Para 6 personas

1 carré de chancho de 2 kg
100 g de ciruelas secas sin carozo
100 g de orejones
100 g de mermelada de frambuesa
1 cucharada de jugo de limón
1 cucharada de mostaza de Dijon
jengibre en polvo
sal y pimienta negra

Puré:
4 manzanas verdes
4 batatas
4 cdas de manteca
1 taza de agua
2 cdas de miel

Cortar las ciruelas y los orejones en cubos pequeños. Hacer una mezcla con el jugo de limón, el jengibre en polvo, la sal y la pimienta. Incorporar los frutos y la mermelada a esta mezcla. Mechar el carré.

Cerrarlo, atar con hilo y untar con mostaza en la parte exterior. Cocinar en el horno de barro durante 40 minutos a fuego moderado.

Puré: Pelar las manzanas y las batatas y cortarlas en cubos chicos. Cocinarlas con 1 taza de agua hasta que estén bien tiernas. Agregar manteca, miel, sal y pimienta negra recién molida. Pisar con tenedor de manera que queden pedacitos de manzana y batata.

Gigot de cordero con papas jóvenes y romero

Para 4 personas

1 gigot de cordero de 2 kg

5 cebollas pequeñas

5 echalotes pequeños

3 cdas de miel

unas gotas de tabasco

2 tazas de vino tinto

8 papas chicas o jóvenes

5 cabezas de ajo

romero fresco a gusto

1 taza de caldo de carne

aceite de oliva, cantidad necesaria

sal y pimienta negra recién molida

Sellar el gigot en una plancha sobre las brasas.

En una bandeja para horno colocar cebollas, echalotes, ajos y hierbas a gusto. Agregar caldo de carne y 1 taza y 1/2 de vino tinto.

Colocar el gigot sobre una rejilla arriba de la bandeja, de manera tal que quede separado de las verduras. Pintar la pierna con miel, tabasco, 1/2 taza de vino y romero fresco.

Cocinar en el horno de barro durante 40 minutos. Debe quedar rosado por dentro.

Papas jóvenes: Colocar en una placa las papas cortadas de forma irregular. Condimentar con sal gruesa, un poco de aceite de oliva y romero. Cocinar en el horno hasta que estén bien doradas.

Presentación: Servir el gigot con las papas crocantes y acompañar con las verduras que se cocinaron junto al cordero.

Lasaña de verduras

Para 20 personas

Masa:

1,5 kg de harina de trigo

12 huevos frescos

1/2 taza de aceite de maíz

1 pizca de sal

agua, cantidad necesaria

Relleno y salsa:

1 1/2 litro de pulpa de tomate

1 taza de hojas de albahaca

2 dientes de ajo

2 cdas de aceite de oliva

3 berenjenas

3 zucchinis

2 calabazas

600 g de queso pecorino rallado

sal y pimienta negra

Masa: Hacer un volcán con la harina. Colocarle los huevos, el aceite y la sal. Mezclar bien e ir agregando de a poco agua fría hasta lograr una masa lisa y homogénea. Estirar hasta 2 mm y cortar en trozos parejos de 20 cm por 20 cm.
Blanquear en agua hirviendo y luego enfriar en agua helada. Conservar con un poco de aceite.

Relleno y salsa: Procesar tomate, ajo, albahaca, 2 cucharadas de aceite de oliva, sal, pimienta negra y reservar.
Cortar las verduras restantes en láminas finas (sólo quitar la cáscara de las calabazas). Blanquear en agua. Reservar.
En asaderas altas para horno aceitadas armar las lasañas intercalando la masa, las verduras, la salsa y el queso rallado. Agregar un poco de crema por encima, si lo desea. Cubrir con papel de aluminio y cocinar durante 30 minutos en el horno de barro a temperatura moderada.

Pan de naranja y amapolas
Pan de campo

Pan de naranja y amapolas:

2 cdas de levadura de cerveza

1 taza de agua tibia

ralladura de 2 naranjas

jugo de 1 naranja

30 g de semillas de amapolas

6 cdas de azúcar

2 yemas

4 tazas de harina común

manteca derretida

azúcar para espolvorear

Pan de campo:

Esponja:

50 g de levadura

1/4 litro de agua tibia

1 cda de azúcar

Masa:

1 kg de harina

1 cda de sal

100 g de grasa de cerdo en pomada

agua tibia, cantidad necesaria

Pan de naranja y amapolas

Disolver la levadura de cerveza en el agua tibia y agregarle la ralladura de naranja, el jugo, el azúcar, las yemas, las semillas de amapola y la harina. Amasar hasta obtener un bollo liso y elástico. Tapar y dejar levar hasta que duplique su volumen. Dividir la masa en bollos pequeños; realizar un corte en cruz en la superficie de cada uno. Dejar levar 20 minutos. Pintar con manteca derretida y espolvorear con azúcar. Cocinar en horno de barro hasta que esté dorado.

Pan de campo

Esponja: Deshacer la levadura en el agua, agregar el azúcar y tapar con papel film. Dejar reposar durante 15 minutos.

Masa: Formar una corona con la harina y la sal. Colocar en el centro la grasa de cerdo y la esponja. Unir todos los ingredientes; si fuese necesario agregarle agua tibia. Amasar hasta lograr un bollo liso y dejar reposar en un lugar tibio hasta que duplique su volumen. Cortar la masa formando dos bollos y dejar levar por 20 minutos. Hacer un corte en cruz sobre la superficie de cada uno. Cocinar en el horno de barro precalentado hasta que se dore.

Soufflé de naranjas

Para 6 personas

110 g de azúcar

2 cdas de jugo de naranja

2 cdtas de ralladura de naranja

1 cda de licor de naranja

250 cc de leche

1 vaina de vainilla

4 huevos

1 cda de harina

1 cda de fécula de maíz

azúcar adicional

2 cdas de manteca

Untar con manteca las cazuelas de barro individuales. Refrigerarlas hasta que la manteca haya endurecido. Untar nuevamente y llenar hasta la mitad con azúcar adicional. Retirar el exceso de azúcar.

Calentar el jugo y la ralladura de naranja. Dejar reducir a la mitad. Añadir el licor y retirar del fuego.

Hervir la leche con la vaina de vainilla.

En otro bowl mezclar 2 yemas con la harina, la fécula y 3 cucharadas de azúcar. Verter de a poco la leche en la mezcla de las yemas.

Llevar nuevamente al fuego revolviendo continuamente con cuchara de madera hasta que hierva y se note que espesa. Enfriar la preparación. Agregar la salsa de naranja. Incorporar las 2 yemas restantes sin dejar de revolver. Batir las claras a punto nieve con el resto del azúcar. Incorporar a la preparación anterior. Colocar en los moldes y llevar al horno de barro durante 10 minutos a fuego fuerte o hasta que crezca la preparación.

Servir de inmediato.

Crema quemada de dulce de leche

En un bowl mezclar la crema de leche, el dulce de leche, los huevos, el azúcar y la esencia de vainilla.

Disponer la mezcla en cazuelas de barro individuales. Cocinar en baño de María en horno de barro hasta que cuaje. Enfriar por lo menos cuatro horas en la heladera.

Presentación: Antes de servir espolvorearlas con azúcar rubia y gratinarlas con un hierro caliente (el azúcar debe tomar un color caramelo). Decorar con las frutas y la menta fresca.

Nota: No podía faltar un postre con dulce de leche bien argentino.

Para 6 personas

400 cc de crema de leche

4 huevos

60 g de azúcar

1/2 cda de esencia de vainilla

200 g de dulce de leche

frutas frescas para decorar

hojas de menta

azúcar rubia

Esta receta se la robé a mi hermana Ana Lucía, gran repostera.

Tarta de damascos frescos

Masa:

250 g de harina

150 g de manteca

120 g de azúcar

2 yemas

3 cdas de agua

ralladura de un limón

Relleno:

8 damascos frescos

150 cc de crema de leche

3 cdas de azúcar

3 yemas

esencia de vainilla

1 cdta de ralladura de limón

Cobertura:

50 g de azúcar

50 g de manteca

50 g de almendras fileteadas

Masa: Realizar una corona con la harina sobre la mesada. Colocar en el centro la manteca cortada en trozos, el azúcar, las yemas, la ralladura y el agua. Formar un bollo liso y dejarlo descansar en la heladera tapado con papel film durante 30 minutos. Estirar la masa en una tartera y cocinarla a medio punto en horno de barro precalentado.

Relleno: Mezclar la crema, el azúcar, la ralladura de limón, las yemas y la esencia de vainilla. Colocar la mezcla sobre la masa semicocida y disponer encima los damascos en mitades.

Cobertura: Mezclar la manteca sólida en cubos, el azúcar y las almendras fileteadas y semitostadas. Debe quedar un arenado grueso. Para ello trabajar con espátula o cornet, sin tocar con los dedos. Esparcirlo sobre la superficie y cocinar durante 20 minutos en el horno.

Presentación: Retirar y servir tibia, acompañada si lo desea con helado de crema.

Torta de chocolate de doble cocción

Para 8 personas

180 g de chocolate amargo

150 g de manteca

3 cdas de cacao amargo

6 huevos

120 g de azúcar

azúcar impalpable, cantidad necesaria

menta fresca a gusto

Derretir el chocolate a baño de María. Agregar manteca y cacao hasta lograr una preparación homogénea. Reservar.

Batir las claras a punto nieve y añadir la mitad del azúcar. En otro bowl batir las yemas con lo que resta del azúcar, hasta blanquearlas. Incorporar el chocolate a las yemas y por último las claras, siempre en forma envolvente. Poner la preparación en moldes individuales enmantecados y llevar al horno de barro durante 10 minutos a fuego fuerte.

Presentación: Servir las tortitas individuales tibias y espolvoreadas con azúcar impalpable. Decorar con menta fresca.

Nota: Se puede acompañar con una salsa de naranjas o de damascos. Ideal para el café.

PLANCHA DE HIERRO

Parrillada de mar

Para 6 personas

12 langostinos crudos grandes

6 cigalas

3 sepias limpias sin piel

6 trillas medianas

18 chipirones limpios

6 filetes de pejerrey

ciboulette fresco

3 dientes de ajo

3 limones

aceite de oliva, cantidad necesaria

sal y pimienta negra

Calentar bien la plancha sobre las brasas. Agregar aceite de oliva y ajo machacado. Colocar las sepias en un ángulo de la plancha y cocinarlas durante 10 minutos hasta dorar sus dos lados. Agregar los chipirones, los langostinos, las trillas y las cigalas. Cocinar durante 4 minutos y girarlos. En ese momento agregar los filetes de pejerrey y cuando se doren darlos vuelta y agregar a toda la parrillada jugo de limón, pimienta negra, sal y espolvorear con ciboulette picado. Servir inmediatamente y acompañar con ensalada de rúcula y tomates cherry.

Ensalada de rúcula y chipirones

Para 4 personas

300 g de rúcula fresca
2 dientes de ajo elefante cortados en
láminas finas
1 cebolla morada
24 chipirones
1/2 taza de brotes de soja
1 remolacha
7 cdas de aceite oliva
2 cdas de jugo de limón
sal y pimienta

Limpiar los chipirones.

En un bowl mezclar la rúcula con los brotes de soja y la cebolla morada en láminas. Reservar.

Cocinar los chipirones y los ajos en la plancha de hierro, con una cucharada de aceite de oliva, durante 2 minutos. Retirar y agregarlos a la ensalada.

Vinagreta de remolachas: Procesar la remolacha previamente cocida, con 6 cucharadas de aceite de oliva, 2 cucharadas de jugo de limón, sal y pimienta.

Presentación: Servir la ensalada con unas gotas de la vinagreta por encima.

Nota: Les recomiendo cocinar los chipirones poco tiempo para que no tomen una textura muy dura. Podemos agregarles jugo de limón para que mantengan algo de humedad durante la cocción.

Brochette de pejerrey y vieyras

Para 6 personas

12 filetes de pejerrey sin piel

400 g de cayos de vieyras crudos

aceite de oliva, cantidad necesaria

200 g de mayonesa

2 cdas de alcaparras

1 cda de mostaza en polvo

1 cápsula de azafrán

150 cc de crema de leche

jugo de 3 limones

3 cdas de pepinillos agridulces picados

1 cda de perejil picado

gotas de salsa tabasco

sal y pimienta negra recién molida

Salsa de limón: Mezclar la mayonesa con alcaparras, azafrán, crema, mostaza, jugo de limón, pepinillos agridulces picados finamente, tabasco y perejil picado. Salpimentar a gusto. Reservar en lugar fresco.

Brochette: Cortar los filetes en trozos pequeños y parejos. Armar las brochettes intercalando la carne de los filetes y los cayos de vieyra.
Calentar muy bien la plancha sobre las brasas y cocinar las brochettes durante 1 minuto de cada lado con un poco de aceite.

Presentación: Servir las brochettes y acompañarlas con la salsa de limón fría. Sugiero acompañar este plato con ensalada de hojas verdes y un buen vino blanco bien frío.

Nota: Puede reemplazar los ingredientes de la brochette por los pescados y mariscos que desee. Es muy importante cocinar los pescados en plancha lisa para que no se peguen ni se desarmen. Si no tiene plancha, puede utilizar una sartén de hierro.

Brochette de frutas

Para 4 personas

2 mangos

1 ananá

2 peras

2 tazas de frutillas

menta fresca

150 g de azúcar

Cortar las peras, el ananá y los mangos en cubos grandes. Pinchar en las brochettes, de forma intercalada, las frutas cortadas y las frutillas enteras.

Colocar las brochettes sobre la plancha y espolvorearlas con el azúcar. Cocinarlas vuelta y vuelta.

Presentación: Servirlas acompañadas de helado o con salsa de caramelo y menta fresca.

PLANCHA DE HIERRO

CRUZ Y ASADOR

Pollo al asador con sándwiches de calabaza

Para 6 personas

1 pollo grande o pollón de 3 kg, de granja

6 cdas de aceite de girasol

6 cdas de manteca

1 cda de mostaza en polvo

jugo de 3 limones

1 cda de curry

2 calabazas medianas

250 g de queso gruyère en láminas

sal y pimienta negra

Hacer un fuego con leña dura (si fuese posible quebracho).

Manteca de curry: En una ollita colocar aceite de girasol, manteca, mostaza en polvo, jugo de limón, curry, sal y pimienta. Reservar tibio cerca del fuego.

Pollo: Limpiar el pollo y abrirlo para asar. Colocarlo en el asador y clavarlo a 50 cm del fuego primero del lado de los huesos durante 20 minutos sin dejar que se queme.
Pintarlo constantemente con la manteca de curry y limón.

Sándwiches de calabaza: Pelar las calabazas y cortarlas longitudinalmente al medio. Hacer sándwiches con el queso en el centro y envolverlas en papel de aluminio. Cocinarlas sobre las brasas girándolas sin dejar que se quemen.
Cuando se haya cocinado el pollón del lado de los huesos, girarlo, dorarlo del lado de la piel y cocinarlo durante 30 minutos más.

Presentación: Servir trozado y acompañado por el sándwich de calabaza.

La ventana del costillar

Para 8 personas

1 ventana de costillar de 4 kg

6 morrones calahorra

6 dientes de ajo machacados

150 cc de aceite de oliva

2 cdas de vinagre de vino blanco

1 litro de agua

1 taza de sal gruesa

1 puerro

estragón fresco, a gusto

1 cebolla

sal y pimienta negra en granos

jugo de 1 limón

Morrones: Hacer un gran fogón en la tierra. Colocar allí los morrones y quemarlos durante 2 minutos. Pelarlos en agua fría. Quitarles las semillas y cortarlos en tiras. Condimentarlos con ajo machacado, aceite de oliva, jugo de limón, vinagre, pimienta negra en granos y sal. Macerar en la heladera durante 2 horas cubriéndolos con papel film.

Salmuera de estragón: Colocar en una ollita con agua sal gruesa, estragón fresco, puerro cortado en rodajas y cebolla en octavos. Calentar cerca del fuego.

Costillar: Atar el costillar a la cruz y colocarlo a 60 cm del fuego, primero del lado de los huesos. Cuando éstos se hayan dorado bien y comiencen a desprenderse de la carne, girarlo y cocinar durante 50 minutos más con calor constante.

Presentación: Cuando esté listo, bañarlo con la salmuera de estragón, servirlo cortado en costillas y acompañarlo con los morrones macerados.

Nota: Cuando decimos "ventana del costillar" nos referimos al centro del costillar de ternera. Es la parte más tierna y sabrosa.

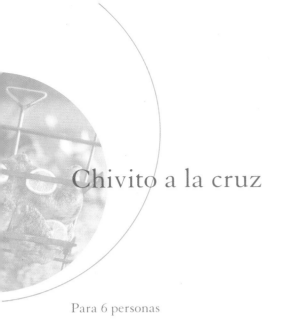

Chivito a la cruz

Qué bárbaro, Don Luis, qué bárbaro...

Para 6 personas

1 chivito de 5 kg

4 cucharadas de sal gruesa

laurel fresco a gusto

6 dientes de ajo

1 litro de agua

10 cucharadas de pan rallado

300 g de choclo cremoso

300 g de granos de choclo amarillo

tomillo fresco a gusto

sal y pimienta

aceite para freír, cantidad necesaria

Chivito: Armar un fuego con leña sobre el piso. Atar las extremidades del chivito en una cruz de hierro. Los huesos deben quedar del lado de afuera.

Clavar la cruz a 30 cm del fuego y asar durante 40 minutos aproximadamente del lado de los huesos. Luego girar la cruz y seguir asando el chivito del lado del cuero durante 40 minutos más.

Salmuera: Prepararla con 1 litro de agua, sal gruesa, laurel, los dientes de ajo y dejar hervir 10 minutos. Reservar en lugar tibio. Durante la cocción, rociar el chivito de ambos lados con la salmuera.

Peras de choclo: Poner en un bowl granos de choclo amarillo hervidos, choclo cremoso, pan rallado, tomillo fresco, sal y pimienta. Unir todos los ingredientes y darle forma de pera con las manos. Calentar abundante aceite en una cacerola de hierro. Freír las peras hasta que estén doradas, retirarlas y escurrirlas sobre papel absorbente.

Presentación: Cortar el chivito y colocarlo sobre una fuente junto con las peras y unas hojas de tomillo fresco.

CRUZ Y ASADOR

Esta técnica la utiliza papá para cocinar sobre todo pescados de río, ya que vive justo en frente del río de la Plata, en Quilmes, nuestra ciudad. Es un gran cocinero y amante de los placeres de la vida.

Penca de salmón y hierbas

Para 4 personas

1 penca de salmón de 1,2 kg con piel
aceite de oliva, cantidad necesaria
tomillo fresco
orégano
ciboulette
eneldo
perejil crespo
jugo de 2 limones
sal y pimienta negra

Hacer un fuego con leña dura. Colocar el salmón en una doble parrilla para pescados. Aceitarlo, salpimentarlo y colocarlo con la piel hacia el fuego a unos 60 cm del mismo. Cocinarlo durante 20 minutos. Agregar las hierbas picadas y el jugo de limón. Acompañar con papas hervidas con piel, condimentadas con aceite de oliva y pimentón extra.

DISCO DE ARADO

Risotto de mollejas

Para 6 personas

1 kg de mollejas de corazón

3 cdas de vinagre de vino blanco

6 cdas de aceite de oliva

1 kg de arroz arbóreo

1 pimiento colorado

1 pimiento amarillo

1 pimiento verde

1 cebolla

2 puerros

1 zanahoria

1 berenjena

200 g de queso pecorino rallado

2 cdas de manteca

2 limas

2 litros de caldo de verduras caliente

eneldo fresco

sal y pimienta negra

Blanquear las mollejas en agua con vinagre y sal durante 10 minutos. Enfriarlas y filetearlas a 1 cm de espesor. Dorarlas de ambos lados en el disco de arado con unas cucharadas de aceite de oliva. Retirar y reservar.

Saltear allí mismo durante 2 minutos cebolla, pimiento colorado, pimiento amarillo, pimiento verde, 2 puerros, zanahoria y berenjena, todo cortado en cubos pequeños. Agregar el arroz y dorarlo. Sin dejar de revolver, ir agregando el caldo de a poco. Cuando el arroz esté casi cocido, incorporar el jugo y la ralladura de lima, las mollejas ya doradas, sal, pimienta y el eneldo picado. Continuar removiendo y cuando el arroz esté en su punto, retirar del fuego y montarlo con el queso pecorino y la manteca. Dejar reposar 1 minuto antes de servir.

Nota: El queso pecorino (queso de oveja) se puede reemplazar por un buen parmesano.

Pollo al disco con pimientos, tomates y cebollas

Para 10 personas

3 pollos de granja de 1,8 kg c/u
aceite de oliva, cantidad necesaria
1 pimiento colorado
1 pimiento verde
1 pimiento amarillo
2 dientes de ajo
3 tomates redondos
200 g de tomates cherry
2 cebollas coloradas
1 cebolla española
1 puerro
1 taza de caldo de ave
1 taza de vino blanco
orégano y tomillo fresco
1/2 ají picante
sal

Cortar los pollos en presas sin deshuesarlos. Hacer un fuego con ramas finas para lograr una llama constante y calentar el disco. Dorar el pollo con un poco de aceite de oliva. Agregar los pimientos y las cebollas en juliana. Cocinar durante 3 minutos a fuego fuerte sin dejar que se quemen. Incorporar el tomate previamente pelado y despepitado. Agregar el ajo machacado y el puerro picado finamente.

Desglasar con vino blanco y reducir durante 2 minutos. Agregar el caldo de ave y por último los tomates cherry, las hierbas frescas y el ají picante picado. Cocinar durante 3 minutos más. Salar.

Presentación: Servir inmediatamente, bien caliente. Se puede acompañar con rodajas de pan de campo tostado sobre la parrilla y aderezado con aceite de oliva y pimienta negra. Si quiere puede frotarlo con ajos.

Nota: Les aconsejo usar pollos de granja. Hoy se consiguen de empresas que no utilizan hormonas y que tienen una alimentación sana y natural. Son de piel amarilla y de carnes bien firmes. Tratar de no comprar pollos congelados. Todo esto determina la calidad final del plato.

DISCO DE ARADO

Éste es el arroz que hace mamá. Por lo general, es para acompañar unas milanesas exquisitas y crocantes. ¡Qué manjar!

Ossobucco con hongos y arroz amarillo

Para 8 a 10 personas

16 ruedas de ossobucco de 4 cm de alto

aceite de oliva, cantidad necesaria

3 cebollas

2 puerros

2 ramas de apio

2 zanahorias

3 dientes de ajo

200 g de panceta ahumada en fetas

2 tazas de vino tinto

4 tazas de caldo de carne

4 cdas de miel

6 cdas de ketchup

400 g de hongos secos (boletus)

300 g de hongos portobellos frescos

2 cdas de hojas de romero fresco picado

1 kg de arroz carnarolli

jugo de 1 limón

2 litros de caldo de verduras

3 cápsulas de azafrán

300 g de queso parmesano rallado

sal y pimienta negra recién molida

Ossobucco: Calentar el disco con llama. Dorar el ossobucco de ambos lados con 2 cucharadas de aceite de oliva. Agregar la panceta, 2 cebollas, puerros, apio, zanahorias y ajo, todo finamente picado. Cocinar durante 5 minutos. Desglasar con vino tinto. Incorporar el caldo de carne, la miel, el ketchup, los hongos secos (hidratados en vino previamente durante 1 hora) y el romero picado. Cocinar durante 2 horas a fuego bajo. Aquí es importante utilizar brasas porque nos dan la temperatura constante durante un período prolongado.

Arroz: Cuando el ossobucco esté casi terminado, dorar la cebolla restante picada en una sartén de hierro sobre las brasas. Agregar el arroz, dorar y agregar dos tazas de caldo de verduras. Incorporar jugo de limón y azafrán.
Revolver constantemente e ir agregando el resto del caldo de a poco. Cuando esté al dente incorporar el queso, salpimentar y revolver enérgicamente. Dejar reposar durante 2 minutos.

Presentación: Incorporar en el ossobucco los portobellos cortados en cuartos y servirlo acompañado con el arroz de mamá.

Guiso de lentejas

"Muero por un buen guiso de lentejas", Majo dixit.

Para 10 personas

1 kg de lentejas

1 zanahoria

2 tomates redondos

1/2 calabaza

2 cebollas

3 dientes de ajo elefante

100 g de panceta ahumada cortada en cubos

2 chorizos colorados

700 g de pechito de chancho

1 puerro

1 cebolla de verdeo

2 echalotes

2 tazas de vino blanco

2 litros de caldo de verduras

sal y pimienta negra

1 pizca de pimentón

Remojar las lentejas en agua durante 3 horas. Calentar el disco con un fuego hecho con ramas finas y secas. Saltear la panceta cortada en cubos, agregar los chorizos colorados cortados en rodajas finas y las costillitas de chancho separadas de a una. Cocinar durante 7 minutos y agregar cebolla, ajo, puerro, cebolla de verdeo y echalotes picados. Cocinar 2 minutos y agregar zanahoria y calabaza rallada. Agregar el vino blanco, las lentejas escurridas y el caldo de verduras. Por último incorporar los tomates pelados y despepitados cortados en cubos. Salpimentar y espolvorear pimentón extra. Cocinar hasta que las lentejas estén al dente.

DISCO DE ARADO

Estofado de cordero medieval

Para 8 personas

2 kg de carne de cordero (cuartos traseros)

100 g de harina de trigo

2 echalotes

2 zanahorias

2 dientes de ajo

1 rama de apio

1/2 raíz de jengibre rallado

1 taza de hojas de menta

2 cdas de mostaza en polvo

1 taza de vino Merlot

3 tazas de fondo de cordero

2 cdas de extracto de tomate

2 cdas de aceite de oliva

100 g de caramelo rubio

sal y pimienta blanca molida

Cortar la carne de cordero en cubos grandes (4 cm de lado). Pasarlos por harina y dorarlos en el disco con 2 cucharadas de aceite de oliva. Agregar echalotes, ajo, apio y zanahoria picados finamente. Cocinar durante 10 minutos y agregar la mostaza disuelta en el vino, el extracto de tomate, la ralladura de jengibre, la menta y el caramelo.

Retirar un poco del fuego y cocinar todo durante 2 horas, agregando el fondo de cordero a medida que la preparación lo vaya necesitando. Se debe cocinar a fuego lento y constante para que la carne quede tierna y sabrosa.

Presentación: Salpimentar antes de servir y acompañar, si lo desea, con grandes cubos de papas fritas.

Nota: Para el fondo de cordero queme los huesos del cordero en una platina profunda directamente a las brasas con un poco de aceite. Agregue cebollas cortadas en cuartos, ajo machacado, zanahorias en rodajas y apio. Dore bien las verduras y coloque todo en una olla de hierro. Agregue 2 litros de agua, hierbas frescas (como romero o menta) y cocine sobre brasas a fuego bajo, durante al menos 2 horas. Tamice.

Este fondo de cordero se puede conservar herméticamente cerrado en la heladera durante al menos 20 días.

DISCO DE ARADO

Conejo con espárragos y papines

Para 8 personas

3 conejos de 1 kg

2 atados de espárragos frescos

1 kg de papines

2 cebollas

2 tomates

3 dientes de ajo

1 litro de caldo de carne

aceite de oliva, cantidad necesaria

laurel a gusto

perejil a gusto

pimentón

sal y pimienta negra

Limpiar los conejos y trozarlos. Calentar bien el disco y sellar los conejos con un poco de aceite de oliva. Reservar. Colocar dentro del disco las cebollas, los tomates y los ajos picados finamente. Agregar una cucharada de pimentón. Incorporar las piezas de conejo, papines, laurel, perejil, sal, pimienta y caldo de carne.

Cocinar a fuego lento durante 40 minutos. Blanquear los espárragos y agregarlos al disco. Cocinar todo durante 10 minutos más. Por último añadir un poco más de perejil picado y servir.

Nota: Si se desea, puede espolvorear el plato con crutones grandes de pan frito.

Cintas con ragú de salchichas parrilleras

Para 8 personas

Masa:

1 kg de harina de trigo

6 huevos frescos

4 cdas de aceite de oliva

1 pizca de sal y de pimienta

agua, cantidad necesaria

Ragú:

1 kg de salchichas parrilleras

1 cebolla rallada

1 zanahoria rallada

100 g de hongos secos

2 tazas de vino tinto

2 dientes de ajo

2 tazas de tomate procesado

1 taza de queso parmesano

albahaca fresca

20 flores de brócoli

1 taza de caldo de carne

1 guindilla

sal y pimienta

Masa: Hacer un volcán con la harina y colocar dentro todos los ingredientes para la masa. Mezclar e ir agregando agua hasta conseguir una masa lisa y maleable (no debe ser muy húmeda). Trabajar con fuerza sobre una mesada durante 15 minutos. Estirarla con palote o con máquina hasta que tenga 2 mm de espesor. Cortar cintas parejas del tamaño deseado.

Ragú: Hidratar los hongos en vino tinto durante 1 hora.
Calentar el disco de arado con bastante fuego (con leña fina y seca). Cocinar las salchichas cortadas en trozos pequeños sin aceite durante 3 minutos. Retirarlas y en esa misma grasa saltear la cebolla rallada, el ajo y la zanahoria.
Incorporar el vino y los hongos. Reducir. Agregar caldo de carne, guindilla picada, tomate y flores de brócoli. Cocinar durante 5 minutos e incorporar las salchichas. Cocinar 5 minutos más y espolvorear con albahaca picada. Salpimentar.
Por otro lado, cocinar la pasta en abundante agua con sal. Retirarla cuando esté al dente. Colarla e incorporarla al ragú. Mezclar y servir bien caliente y espolvorear con queso parmesano rallado por encima.

DISCO DE ARADO

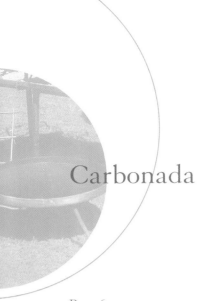

Carbonada

Para 6 personas

2 calabazas

2 pimientos colorados

2 pimientos verdes

2 cebollas

250 g de orejones

2 choclos cortados en rodajas

2 tazas de vino blanco

2 litros de caldo de verduras

800 g de carré de chancho

2 salames ibéricos

1 cda de comino

2 hojas de laurel

tomillo

sal y pimienta negra

Calentar bien el disco con llama de leña fina y seca. Cortar el carré en cubos grandes y dorarlos en el disco. Reservar. Sin limpiar el disco agregar todas las verduras cortadas en cubos menos la calabaza y cocinar durante 10 minutos. Agregar el vino blanco. Añadir el caldo de verduras y retirar un poco de la llama. Cocinar durante 20 minutos a fuego lento junto con las hojas de laurel. Incorporar los cubos de carré dorado, el salame ibérico en rodajas cortadas al medio y la calabaza cortada en cubos pequeños. Por último agregar comino, tomillo fresco y salpimentar.

Presentación: Servir en cazuelas de barro individuales o dentro de mitades de calabaza ahuecadas y secadas en la parrilla.

DISCO DE ARADO

A FUEGO DIRECTO

Higos con helado

Para 4 personas

4 tazas de higos secos

4 cdas de vino dulce

1 taza de azúcar negro

1 taza de agua

4 cdas de manteca

helado de durazno

menta fresca

En una sartén de hierro directamente sobre las brasas colocar el agua, el azúcar negro, el vino y los higos. Cocinar hasta lograr un almíbar pesado.

Presentación: Retirar los higos y servirlos acompañados del helado de durazno. Decorar con menta fresca.

Nota: Si consiguen higos frescos les recomiendo cortarlos a la mitad, cocinarlos en la parrilla primero del lado del corte y al girarlos colocarle una cucharada de azúcar y una de manteca en cada uno.

Mi mujer es fanática de los pastelitos, su perdición...

Pastelitos iguales, pero diferentes

Para 20 personas

Masa:

600 g de harina

200 g de manteca en pomada

1 taza de agua tibia

1 pizca de sal

Relleno:

250 g de dulce de membrillo

250 g de queso fresco

azúcar impalpable

Masa: En un bowl mezclar la harina, 150 g de manteca, sal y agua. Unir todo hasta formar un bollo liso y suave. Dejar descansar tapado con film durante 10 minutos. Dividir la masa en 20 bollitos y estirar cada uno formando círculos de 12 cm de diámetro. Untar cada uno con la manteca restante derretida.

Relleno: Cortar el queso y el dulce de membrillo en finas fetas. Disponer sobre cada círculo, en forma alternada, capas de dulce con queso. Armar los pastelitos. Refrigerar durante 1 hora. En una olla de hierro calentar el aceite. Freír los pastelitos hasta que estén dorados y escurrirlos sobre papel absorbente. Espolvorear con azúcar impalpable.

Nota: También puede rellenar los pastelitos con otros dulces o con ciruelas, damascos y orejones previamente hidratados y luego picados finamente.

Bananas flambeadas

Dice mi amigo Fatiga que no hay quién se pueda resistir a este manjar.
Si él lo dice...

Para 4 personas

3 bananas
3 cdas de manteca
4 cdas de azúcar negro
1 taza de ron
1 cdta de canela en polvo
2 cdas de crema
50 g de almendras picadas
helado de coco

En una gran sartén de hierro, sobre las brasas, derretir la manteca. Cortar las bananas en rodajas y saltearlas. Espolvorear con el azúcar negro. Flambear con ron. Añadir la crema y servir las bananas acompañadas con helado de coco. Espolvorear con almendras y canela en polvo.

Martiniano Molina
cocinero

Gato Dumas
COLEGIO DE COCINEROS

Esta edición de 8000 ejemplares
se terminó de imprimir en
Gráfica Pinter S.A.,
México 1352, Buenos Aires,
en el mes de noviembre de 2001.